INSUFFISANCE

DE

NOS APPROVISIONNEMENTS

EN 1840.

MOYENS D'EN PRÉVENIR LES EFFETS.

PAR

AUG. DE ROCHAU.

PARIS,

CHEZ DAUVIN ET FONTAINE, LIBRAIRES,
PASSAGE DES PANORAMAS, 35.

BARBA, PALAIS-ROYAL.

—

1840

A MONSIEUR THIERS,

PRÉSIDENT DU CONSEIL DES MINISTRES,
SECRÉTAIRE D'ÉTAT AU DÉPARTEMENT DES AFFAIRES ÉTRANGÈRES.

MONSIEUR LE PRÉSIDENT,

En confiant à la presse mes appréhensions d'une grande calamité qui, suivant mes prévisions, menace la France, mon but est de préserver sa population des malheurs incalculables qui résulteraient d'une faible récolte de cette année, si le Gouvernement, tuteur né du peuple, ainsi que les classes opulentes, riches ou aisées de la société, ne s'empressaient de prévenir les événements par des mesures promptes, larges et efficaces, capables, au moyen d'une importation considérable de blés étrangers, d'approvisionner les départements et surtout la Capitale.

En vous dédiant, Monsieur le Président, cet opuscule, fruit de mes réflexions, j'ai voulu rendre hommage aux éminentes qualités qui vous ont placé à la tête du gouvernement d'une des plus grandes nations de l'Europe. Animé par l'amour de votre pays, sa gloire, sa prospérité et sa sécurité ne peuvent manquer d'être le but constant de vos efforts et de vos méditations. Le peuple français doit donc espérer que, sous votre administration, les passions politiques disparaîtront, l'industrie et l'agriculture trouveront un puissant appui et une protection efficace, et que toutes les classes de la société jouiront en paix de la sécurité et de la prospérité publiques. Mais, permettez-moi de vous le dire, Monsieur le Président, l'action du plus puissant génie a ses bornes; et si l'impulsion que vous donnerez aux affaires de la France ne peut manquer d'influer sur ses destinées; si vous parvenez à lui assurer la prépondérance politique à laquelle elle a droit de prétendre ; si vous étendez ses rapports commerciaux ; si vous donnez, enfin, un nouvel essor à ses progrès industriels, quelles que soient l'énergie de votre caractère, les immenses ressources de votre esprit, elles viendront échouer et se briser contre les influences atmosphériques, qui, depuis deux ans, n'ont donné à la France que des récoltes médiocres, et font craindre que celle de 1840 ne soit pas meilleure !

Dieu veuille, Monsieur le Président, que mes prévisions me trompent ; mais chaque jour qui s'écoule vient les confirmer davantage, et m'apporte la conviction que si le Gouvernement, aidé par la spéculation commerciale et l'union des classes élevées de la société, ne prend pas des mesures efficaces pour combler le déficit qui déjà existe dans nos approvisionnements de céréales, déficit que la certitude, aujourd'hui acquise, d'une grande pénurie de fourrages, et qu'une faible récolte augmenterait considérablement, la subsistance de la France tout entière, et surtout de la Capitale, sera sérieusement compromise, et sa tranquilité menacée. Il est donc, suivant moi, urgent de s'occuper, sans perdre de temps, de faire acheter des blés en pays étrangers, et principalement sur les côtes de la Baltique, contrées peu fréquentées jusqu'ici par le commerce français, et qui cependant fournissent des grains bien supérieurs à ceux de la mer Noire.

Je laisse, Monsieur le Président, à votre haute expérience et à votre pénétrante sagacité, à juger les conséquences de la calamité que je signale, ainsi que les moyens de la prévenir ; et je pense que vous accueillerez avec bienveillance la dédicace de cet écrit ; car vous seul, Monsieur le Président, possédez les moyens de préserver la France d'aussi grands malheurs.

Je suis, avec respect, Monsieur le Président,

Votre très-humble serviteur.

A. DE ROCHAU,
Ancien lieutenant-colonel de cavalerie,

Paris, le 18 mai 1840.

INSUFFISANCE

DE

NOS APPROVISIONNEMENTS

EN 1840.

Je n'ai pas pour habitude de voir l'avenir sous des couleurs aussi sombres que le souvenir du passé où l'esprit de parti porte trop souvent à emprunter pour peindre le présent et l'avenir de la France ; je sais que le génie de cette nation, sa position géographique et la richesse de son sol lui ont fait surmonter, et lui feront surmonter encore, les obstacles qui viendraient momentanément entraver sa constante tendance vers une prospérité sans égale. Toutefois, le même esprit d'impartialité qui guide mon jugement à l'égard de l'avenir moral et politique de la France m'a constamment porté à examiner les causes qui, depuis vingt-cinq ans, ont toujours retardé en France la marche des progrès industriels, vers lesquels tous les peuples de l'Europe s'élancent avec ardeur ; et je me demande pourquoi, au lieu de les précéder dans cette voie de perfectibilité, le peuple français ne les suit que de fort loin sous plus d'un rapport ? Eclairé par des études spéciales sur différentes branches d'économie politique et générale, convaincu que la France est un pays essentiellement agricole, j'aurais peine à comprendre pourquoi les différents gouvernements d'un aussi riche pays, qui se sont succédé depuis la révolution de 1792, ont tous négligé d'encourager et d'honorer, comme elle le mérite, l'agriculture, cette source inépuisable d'une véritable et inaltérable richesse, si l'histoire de la France ne m'en avait appris les causes.

Le dédain de la noblesse et du clergé, alors presque exclusivement en possession du sol, pour le cultivateur et pour ce que les classes privilégiées regardaient comme un vil métier, jusqu'à l'époque où le niveau révolutionnaire passait sur toutes les classes de la société ; les longues et sanglantes guerres du Consulat et de l'Empire, qui dépeuplaient les campagnes ; les invasions des armées étrangères ; enfin l'insuffisance des moyens dont pouvait disposer le Gouvernement sous la Restauration pour encourager avec efficacité l'agriculture ; puis, les agitations politiques qui se succédèrent sous les deux rois de la branche aînée des Bourbons, éloignèrent trop longtemps les capitaux de l'agriculture ; elle restait donc stationnaire et routinière, faute d'hommes éclairés prêchant d'exemple : moyen par suite duquel l'Angleterre et l'Allemagne ont fait faire de si notables progrès à toutes les branches de la plus utile et de la plus noble des sciences humaines.

Ce n'est pas grâce aux bienfaits que la Révolution de 1830 a versés sur la France, mais bien par l'effet politique qui, à la chute de Charles X, détermina un grand nombre de riches propriétaires à se retirer dans leurs terres, où, faute de mieux, ils se prirent à étudier l'agriculture et à lui consacrer leur temps et leurs capitaux, qu'en ce moment l'agriculture est aujourd'hui en honneur en France, et que des hommes éminents par leur rang, leur position sociale et leurs connaissances, sont à la tête d'une révolution qui ne coûtera pas de sang, mais garantira un jour la France contre les angoisses et les malheurs des disettes, des émeutes et des catastrophes qu'excite la faim, en limitant l'effet désastreux d'une ou plusieurs mauvaises récoltes, en multipliant et diversifiant la nourriture du peuple, jusqu'ici presque exclusivement bornée au pain et à la pomme de terre.

Sans doute l'agriculture a fait de grands progrès en France, et plusieurs branches favorisées par le morcellement du sol sont parvenues à un haut degré de développement, tandis que les céréales, par suite de l'anéantissement presque total de la grande culture, n'ont point suivi les mêmes progrès, et ne sont point assez abondantes pour mettre une population toujours croissante à l'abri de nouvelles privations lorsqu'une ou deux récoltes médiocres viennent à se succéder, trompent les espérances des cultivateurs et font hausser en proportion le prix des premiers besoins de la vie.

Je n'examinerai pas dans cet écrit, dont l'objet unique est de prévenir ou tout au moins de diminuer les calamités qui résulteraient d'une mauvaise récolte en 1840, si c'est à notre système politique, à l'imprévoyance de la haute administration, ou enfin aux influences atmosphériques seules, qu'on peut attribuer les inquiétudes qui se manifestent parmi les populations sur plusieurs points de la France, et qui, à coup sûr, se multiplieront de jour en jour, et à mesure que ces populations partageront plus complétement la conviction que j'ai déjà : que la récolte prochaine en céréales sera analogue à celle des fourrages, déjà gravement compromise, et que de grandes calamités résulteront immanquablement d'une disette pour toute la France, et particulièrement pour Paris, si des mesures efficaces ne sont pas prises à temps pour assurer la subsistance des classes laborieuses.

Quelle que soit la puissance morale et matérielle dont dispose le Gouvernement, elle ne pourrait l'emporter si elle était forcée d'entrer en lutte avec le désespoir d'une population affamée, et d'autant plus malheureuse qu'elle manquerait de travail, en raison même de l'enchérissement des subsistances ; car une telle calamité a pour suite inévitable l'anéantissement du commerce, et frappe de mort les fabriques et les manufactures.

Je pense que les souvenirs de 1816 à 1817 ne sont pas encore effacés de la mémoire publique ; et l'administration actuelle trouvera dans les archives du ministère de l'intérieur le tableau que offrait à cette époque la malheureuse population de la France, alors que le Gouvernement, appuyé par une armée étrangère, occupant une partie de nos départements, réussissait à réprimer tous les soulèvements, mais en versant le sang d'un peuple affamé, décimé déjà, accablé et intimidé par deux invasions étrangères et par les malheurs qu'elles traînaient à leur suite. Ces circonstances n'existent plus ; nos troubles politiques ont fait comprendre au peuple sa puissance, et autorisé l'intelligence des baïonnettes. Une médiocre récolte en 1840, après deux années d'une excessive cherté des denrées de première nécessité, occasionnerait indubitablement une perturbation générale, et à Paris des émeutes contre lesquelles, je le crains bien, échouerait la force matérielle, parce que cette force compatirait aux souffrances du peuple, dont elle est la personnification, ou sympathiserait avec elle.

Habitué depuis longtemps à me rendre compte des événements qui en France se succèdent avec une incroyable rapidité ; occupé depuis nombre d'années à calculer les progrès de l'industrie en général, et de celle qui se rattache spécialement à l'agriculture ; renseigné avec exactitude et sans partialité par des amis habitant les départements, et qui me secondaient lorsque je fondais et dirigeais différents journaux dont l'agriculture était le but, je suis à même de juger l'imminent danger dans lequel ne tarderaient pas à se trouver le Gouvernement et la France tout entière, si les craintes d'une mauvaise récolte prochaine, jointe à la pénurie extrême de fourrages qui existe déjà, se réalisaient.

Je suis dès aujourd'hui armé de courage, parce qu'en me décidant à signaler un grand danger, auquel les habitants de la Capitale ne songent guère que lorsqu'il est devenu un fait, j'ai compris que beaucoup de personnes très-honorables, et très-bien intentionnées, du reste, me dénonceront comme alarmiste ; mais je pense qu'il vaut mieux prémunir le pays contre des événements probables que d'imiter l'autorité et ses auxiliaires de la presse, qui s'efforcent chaque jour de rassurer le public par les rapports les plus séduisants sur l'état de nos approvisionnements en blé et l'apparence satisfaisante de la récolte sur pied, au lieu de remédier au mal, déjà constaté, de l'insuffisance absolue de nos ressources présentes et qu'une mauvaise récolte portera à son comble, par des mesures efficaces, propres à combler le déficit actuel de quinze journées au moins de subsistance en blé nécessaire à une population de 35 millions de Français, déficit équivalent à 262,000,000 de kilog. ou environ 3,250,000 d'hectolitres.

Est-il moral, est-il digne d'une sage prévoyance et d'une saine politique, de se bercer de la douteuse espérance d'une abondante récolte, lorsque le Gouvernement doit avoir une conviction intime de l'insuffisance constatée en blé pour la subsistance de la France d'ici à la récolte prochaine, et qu'en estimant le déficit à quinze journées de nourriture, il est à craindre qu'on soit au-dessous de la réalité ? Une sécheresse qui, pour une grande partie de la France, et surtout pour le rayon qui approvisionne la Capitale, s'est beaucoup trop prolongée, a déjà détruit les prairies naturelles et artificielles, et ne laisse, encore à l'égard des céréales, des espérances fondées qu'aux localités basses et aux terres fortes, tandis qu'elle en a altéré le germe dans les terres légères, sablonneuses ou pierreuses, et qu'il ne reste à leurs malheureux propriétaires que peu d'espoir de retirer quelques bénéfices de leurs travaux. C'est cependant dans cette position que se trouve la moitié des cultivateurs de la France !

Telle est, malheureusement, notre véritable situation aujourd'hui : aussi l'instinct de nos populations ne les trompe pas lorsqu'elles s'émeuvent et semblent redouter les plus grandes calamités ! On aura beau se donner mille peines pour chercher à les rassurer : la presse périodique remplira en vain chaque jour les colonnes de ses journaux d'annonces d'une baisse dans les prix des céréales, de nouvelles offrant en perspective une belle récolte, ou annonçant l'arrivée de bâtiments chargés de grains, et donner enfin l'assurance que les marchés de la France tout entière ne cesseront d'être suffisamment approvisionnés, on ne pourra les convaincre et les guérir de la peur qu'elles ont d'une disette.

On dira que l'entrepôt de Marseille, approvisionné de blé provenant d'Odessa, suffirait pour alimenter tout le midi de la France ; on sait cependant que cet entrepôt renferme au plus 300,000 hectolitres. On fait grand bruit de l'entrée de quelques bâtiments prussiens chargés de blés, provenant des côtes de la Baltique, dans le port du Havre ; mais cette importation ne dépasse pas encore 120,000 à 150,000 hectolitres.

Ne nous laissons donc pas séduire par ce langage officiel, par ces faits inexacts ou exagérés, car il en est un qui domine tous les autres : c'est l'augmentation progressive du prix du pain, tant à Paris que dans les départements, augmentation dont il serait difficile de prévoir la limite pendant les quatre mois qui nous séparent encore d'une récolte déjà singulièrement compromise. J'approuverais les efforts des autorités pour rassurer les populations souffrantes et alarmées pour leurs subsistances, si j'avais acquis la conviction que le Gouvernement, absorbé par les luttes continuelles de la tribune et par la politique extérieure, trouvait le temps de veiller avec une sollicitude vraiment paternelle sur le bien-être général du pays, et de s'occuper à l'avance, par de larges mesures, des moyens de prévenir les suites fâcheuses d'une troisième médiocre récolte.

Malheureusement rien n'indique que la haute administration se soit jusqu'à ce jour préoccupée du soin impérieux d'assurer la subsistance des populations de la France tout entière, ni même de celle des classes laborieuses ou indigentes de la Capitale, dont la position mérite cependant une sérieuse attention, ne fût-ce que dans l'intérêt de la tranquillité publique. Penserait-elle abandonner ce soin au commerce ? Mais alors elle se rendrait complice d'une odieuse spéculation, parce qu'elle est basée sur le malheur du peuple ! Bien que je sois parfaitement d'avis de laisser au commerce toute la liberté possible, et que dans mon opinion les gouvernements ne doivent se faire négociants ou entrepreneurs que dans des circonstances tout à fait exceptionnelles, je pense que cette circonstance exceptionnelle existe lorsque l'insuffisance des subsistances d'un peuple tout entier est devenue presqu'un fait ; c'est alors qu'un gouvernement sage, prévoyant et paternel, doit intervenir, concurremment avec les spéculateurs, pour garantir le pays contre des calamités qui sont la suite inévitable d'une disette ; car lui seul peut disposer, dans l'intérêt général, de capitaux suffisants que le commerce n'oserait exposer dans une spéculation toujours dangereuse, parce qu'elle ne peut être lucrative qu'en raison de la misère publique.

Le devoir du Gouvernement, de prendre une part active à l'approvisionnement du pays, en cas d'un danger de disette, par l'importation de blé étranger, est d'autant plus impérieux que jusqu'ici il a contribué au surenchérissement des grains et à leur épuisement, en se trouvant partout en concurrence avec les besoins des populations, et cela par suite des achats que ses agents font de blé et farine destinés à l'armée de terre et de mer, aux maisons de détention et prisons, aux colonies, etc., etc.

On peut admettre que le Gouvernement est obligé de pourvoir à la nourriture de 500,000 bouches ; ce qui forme une consommation annuelle de 1,500,000 hectolitres. En sorte que, si le Gouvernement venait à remplacer cette quantité par l'importation de blé étranger acheté pour son compte, il ne ferait que restituer aux populations de nos départements une partie des subsistances qui leur manquent pour attendre la récolte prochaine.

Je ne doute pas que le commerce particulier ne puisse, d'ici au mois de septembre, augmenter les approvisionnements de la France par l'importation d'un million d'hectolitres de blé étranger, quantité nécessaire pour combler le déficit qui existe ; mais cela n'empêchera pas le surenchérissement du pain d'ici à la récolte prochaine, fût-elle même égale à celle de l'année passée. Je le répète donc, l'intervention du Gouvernement, dans une occurrence pareille, me semble d'une urgente nécessité ; son rôle est incontestablement de faire faire, pour son propre compte, des achats de blé en pays étrangers, tout en encourageant les spéculateurs, mais sans se mettre en concurrence avec eux, à diriger leurs opérations du même côté.

Pour augmenter nos ressources et rassurer les habitants, surtout ceux de la Capitale, j'ai pensé aussi qu'il était du devoir des classes opulentes, riches ou aisées, de s'associer dans le but d'assurer en partie la subsistance de Paris, par l'achat d'environ 300,000 hectolitres de blé de première qualité, qui serait exclusivement destiné, d'après le plan que je vais exposer, au soulagement des classes peu aisées de la Capitale et de la banlieue.

C'est dans l'intérêt de l'humanité, de la tranquillité d'une grande cité et de l'existence de ce nombre immense de travailleurs que renferme Paris, que j'ai conçu le projet d'une association qui, toute philanthropique qu'elle est, ne garantira pas moins contre de malheureux événements ceux qui sont assurés de toujours trouver à leurs repas le magnifique pain de gruau que le pauvre ne connaît que de nom. L'association que je propose ne s'adresse ni aux opinions politiques, ni à la cupidité du spéculateur ; elle n'offre à l'ambition aucun appât, aucun bénéfice pécuniaire ; elle appelle dans ses rangs ceux qui, par sentiment ou par calcul, veulent employer une partie de leur superflu dans une opération dont le pauvre seul profitera, et dont l'actionnaire ne retirera, au bout de quelques mois, que ses capitaux sans le moindre dividende, si ce n'est celui que lui donnera la satisfaction d'avoir contribué à soulager la misère de ses semblables.

Pour assurer aux membres de l'association les garanties du bon emploi de leurs capitaux, elle se formera sous le patronage d'un comité composé de neuf membres qui seraient choisis, en nombre égal, parmi les plus hautes notabilités de l'Empire, de la Restauration et du Gouvernement actuel ; et je ne doute pas que des hommes tels que M. le duc de La Rochefoucauld-Doudeauville, M. le maréchal duc de Dalmatie, M. le duc de Broglie, ne prêtassent leur appui à une œuvre aussi morale et aussi utile au bien public.

Une somme de 6 millions suffirait pour opérer avec succès et célérité. Ce capital, divisé en douze cents coupons de 5,000 fr. chacun, devra être fourni, comme je l'ai déjà dit, par les sommités de la Capitale, en commençant par la Famille royale. Le versement pourra se faire en deux paiements égaux, et à un mois d'intervalle, entre les mains de M. le baron de Rothschild, qui, assurément, ne refusera pas son concours comme banquier de l'association, et dont les relations commerciales aideront puissamment au succès de ses opérations.

Les achats de blés étrangers pour le compte de l'association se feront le plus avantageusement, par un ou plusieurs délégués, connaissant les langues et les usages des contrées qu'ils auront mission de visiter. C'est sur le littoral de la Baltique que les agents de l'association devront faire les achats les plus importants : l'île de Rugen, les villes de Stralsund, Rostock, Stettin, Walgast, Coeslin, Coerlin, Colberg, Konigsberg, Mémel, Riga, sont les greniers immenses qui approvisionnent habituellement Amsterdam, Rotterdam, Hambourg, Lubeck, Bremen, etc., etc., mais d'où la France, à peu d'exceptions près, n'a jamais tiré de grains, et n'entretient que peu de relations commerciales.

Dans le cas où l'association voudrait essayer des achats sur les lieux mêmes de production, ses agents devraient se rendre à Bromberg, Thorn, Posen, Warsovie ou Breslau, car là ils trouveront à toutes les époques de l'année, et à des prix toujours bien inférieurs à ceux des ports de mer, d'immenses quantités de grains de toute espèce.

Si, à la fin de ce mois, les capitaux nécessaires aux premières opérations se trouvaient réunis, et que les achats sur le littoral de la Baltique pussent commencer du 10 au 15 juin prochain, les premiers chargements pourraient arriver au Havre dans le courant du mois de juillet, et le prix de revient ne dépasserait pas 24 fr. l'hectolitre de 76 à 78 kilog. rendu au quai.

La navigation pendant la belle saison se fait d'une manière très-avantageuse dans la Baltique, et, jusque sur les côtes de la Manche, par des galiotes hollandaises tirant peu d'eau et pouvant remonter la Seine jusqu'à Rouen en toute saison. Le fret de ces navires est toujours très-inférieur à celui des grands bâtiments, à cause de l'extrême sobriété de leurs équipages, qui ne se composent souvent que d'une seule et même famille.

Les opérations de l'association n'ayant pas pour objet des bénéfices plus ou moins considérables, mais bien de préserver les classes laborieuses de la Capitale d'une misère certaine, si des mesures de prévoyance ne sont pas adoptées, il ne sera pas vendu un seul hectolitre de blé, quelle que soit l'élévation du prix lors de son arrivée au Havre, Rouen ou Paris. Ces blés seront transportés dans des magasins très-vastes et qu'on trouvera à louer à des prix raisonnables, situés, autant que possible, à la proximité de grandes usines capables de convertir par jour 300 hectolitres de blé en farine. Les issues seront vendues au cours du jour, et la farine transformée en pain blanc rond de 2 kilog., soit dans la manutention militaire dont l'administration de la guerre concédera momentanément à l'association une partie de ses fours non employés, soit dans des établissements particuliers, moyennant une indemnité calculée sur le nombre de sacs de farine transformée en pain.

Un approvisionnement de 300,000 hectolitres de blé donnera, à part les issues, 100,000 sacs de farine de 159 kilog.; cette quantité suffira pendant une année tout entière pour cuire journellement 28,500 pains de 2 kilog. suffisant au besoin de 114,000 personnes de tout âge, qui trouveront un immense soulagement à acheter le pain au prix qu'il coûtera à l'association, et assurément beaucoup au-dessous de celui taxé par l'autorité.

Occupé depuis longtemps de cette importante question d'économie politique, je me suis livré à des études pratiques pour connaître exactement tous les frais que supportent le blé, la farine, et sa transformation en pain. Muni de tous les documents nécessaires, je peux assurer, sans crainte d'être démenti, qu'au prix de 24 fr. l'hectolitre de blé de 76 à 78 kilog., le prix de revient du pain de 2 kilog. ne dépasserait pas, pour l'association, 63 cent. Je suis donc certain qu'en réunissant promptement les capitaux nécessaires, l'association parviendrait à pouvoir livrer au peuple de la Capitale, dès le mois d'août, le pain à raison de 65 cent. au plus, en y comprenant les frais qu'occasionnerait son transport dans les différents quartiers de la ville.

Je suis convaincu que l'augmentation, toujours croissante du prix de la farine, obligera l'administration de la police municipale à porter, d'ici à l'automne, le prix du pain jusqu'à sa dernière limite, c'est-à-dire à 1 fr. les 2 kilog., attendu que dès que le pain dépasse ce taux à Paris, l'administration municipale se hâte d'intervenir et d'indemniser les boulangers de la différence qui peut exister entre le prix de revient, y compris les bénéfices de ce dernier, et le prix de vente : en sorte qu'il est arrivé quelquefois que les habitants, dans l'enceinte de la Capitale, ont pu se procurer le pain à 1 fr., tandis que les départements voisins et même la banlieue, à qui il était interdit de s'approvisionner dans la ville, le payaient de 1 fr. 25 à 1 fr. 50 c.

Je ne parlerai pas ici des mesures à prendre pour empêcher que l'habitant aisé ne puisse profiter des avantages qui seront uniquement réservés aux familles pauvres ou malaisées, parce que ce sont des détails dont on s'occupera lorsqu'il en sera temps ; mais j'insiste sur les immenses conséquences qui résulteraient si l'association venait à se former, et réalisait mes propositions, en nourrissant journellement plus de cent mille de nos malheureux ouvriers à raison de 16 ou 17 cent. la livre de pain, tandis que l'habitant plus aisé le paierait 25 cent.

J'ai pensé remplir un devoir en signalant un danger imminent, dont il est temps encore d'atténuer les conséquences. C'est à la haute administration du pays et aux classes supérieures de la société auxquelles j'adresse cet opuscule, de juger de l'opportunité du rôle qu'elles doivent prendre dans une aussi grave circonstance, et dans laquelle la tranquillité publique pourrait se trouver dangereusement compromise, si les subsistances devenaient insuffisantes pour les besoins de la France et de Paris en particulier.

Paris, imprimerie d'Amédée Saintin, rue Saint-Jacques, 58.